Inhalt

Der Right Livelihood Award (alternativer Nobelpreis)

Kernthesen

Beitrag

Fallbeispiele

Weiterführende Literatur

Impressum

Der Right Livelihood Award (alternativer Nobelpreis)

I. Zeilhofer-Ficker

Kernthesen

- Seit 1980 wird der Right Livelihood Award - besser bekannt als alternativer Nobelpreis - verliehen.
- Ausgezeichnet werden Menschen oder Organisationen, die der Menschheit größten Nutzen gebracht haben.
- Ein Umzug der Stiftungsorganisation Right Livelihood Award von Schweden nach Deutschland wird zur Zeit in Betracht gezogen.
- Der Gründer der Stiftung, Jakob von Uexkull, plant als nächstes Projekt die

Gründung eines Weltzukunftsrates.

Beitrag

Geschichte des Right Livelihood Awards

Der deutsch-schwedische Journalist Jakob von Uexkull hat sich schon seit vielen Jahren die "verantwortungsbewusste Lebensführung" auf die Fahnen geschrieben. Der Umweltschutz gehört für ihn ebenso dazu wie Entwicklungshilfe und Achtung der Menschenrechte. Diese Werte aber sah er in der Vergabe der Nobelpreise als nicht genügend repräsentiert. Außerdem stammten die Nobelpreisträger zum allergrößten Teil aus den industrialisierten Ländern der Welt. Uexkull wandte sich deshalb Ende der siebziger Jahre an das Nobelpreiskomitee und schlug vor, einen Nobelpreis für Ökologie sowie einen für die arme Mehrheit der Weltbevölkerung zu schaffen. Die Nobelpreisstiftung lehnte diesen Vorschlag ab. (1), (2), (www.rightlivelihood.org)

Damit gab sich von Uexkull nicht zufrieden, verkaufte seine Briefmarkensammlung im Wert von zwei

Millionen Mark und stiftete einen neuen Preis, den Right Livelihood Award. Da der nicht so hoch dotierte Preis von Anfang an im Stockholmer Reichstag einen Tag vor den wirklichen Nobelpreisen verliehen wurde, hat sich bald die Bezeichnung "Alternativer Nobelpreis" eingebürgert. Seit 1980 wurden damit rund 100 Menschen oder Organisationen geehrt, die sich für den Umweltschutz, die Wahrung der Menschenrechte oder die Entwicklungshilfe einsetzen. Von Uexkull glaubt, damit dem Testament von Alfred Nobel absolut gerecht zu werden, der dort schrieb, "er wolle diejenigen ehren, die der Menschheit größten Nutzen gebracht haben". (1), (2), (4)

Der Preis und die Organisation

Träger des Preises ist die Stiftung Right Livelihood Foundation, die zu Anfang von Uexkull alleine finanziert wurde. Heute wird der Preis von zwei Millionen Schwedenkronen - rund 200 000 Euro - von privaten Spendern getragen. Vier Personen oder Organisationen teilen sich jedes Jahr diesen Preis, wobei einer davon als undotierter Ehrenpreis vergeben werden kann. Der Ehrenpreis ging beispielsweise 1994 an Astrid Lindgren für ihren lebenslangen Einsatz für die Rechte der Kinder. (3),

(4), (6)

Die Preisträger werden jedes Jahr von einer international besetzten Jury ermittelt. Bis 2003 wurden die Preisträger immer in Schweden, dem Sitz der Stiftung, bekannt gegeben und die Gewinner im Stockholmer Reichstag ausgezeichnet. Das könnte sich jetzt ändern. Seit zwei Jahren muss die Stiftung ihre Einnahmen versteuern, da die schwedischen Behörden die Gemeinnützigkeit nicht mehr anerkennen. Dabei ist die Stiftung laut Uexkull unterfinanziert - es wird jedes Jahr mehr Geld ausgezahlt, als wieder herein kommt. Die zusätzlichen Steuerforderungen bedrohen nun die Existenz des Preises. Ein Umzug nach Deutschland wird daher momentan in Erwägung gezogen, vor allem, da Bundestagspräsident Thierse eine entsprechende Einladung ausgesprochen hat. (2), (5), (6)

Als Signal für den armen Süden dafür, "dass es im Norden Menschen gibt, die andere Wege suchen", wurden die Preisträger 2004 erstmals nicht in Schweden, sondern im indischen Haiderabad bekannt gegeben. (3)

Die Preisträger

Die Liste der Preisträger reicht von Berühmtheiten wie Bianca Jagger über die verstorbene Grünen-Politikerin Petra Kelly bis zur diesjährigen Friedensnobelpreisträgerin Wangari Maathai. Sie alle verbindet eine tiefe Achtung vor der Natur, der ganzheitliche Ansatz sowie der Glaube an die Zukunft. Sie alle haben bewiesen, dass auch Einzelpersonen oder eine Gruppen von Wenigen zur Verbesserung der Lebensumstände von Vielen beitragen können, wenn nur der Wille dazu stark genug ist. Der englische Ausdruck "they walk their talk", also frei übersetzt, "sie tun das was sie sagen", trifft für sie alle zu hundert Prozent zu. Die Sorge um nachkommende Generationen treibt sie unermüdlich an und die Unterordnung unter wirtschaftliche Zwänge ist für sie schlicht undenkbar. (7), (8)

Im März 2005 trafen sich 15 der Preisträger auf Einladung des Goethe-Instituts in München, um unter dem Motto "Die Alternative - Ausblicke auf eine andere Globalisierung" über ihre Projekte und Erfahrungen zu sprechen. Unter anderem wurden lokale Initiativen zur Bekämpfung der Armut ohne die Natur zu schädigen vorgestellt, über die Gefahren der Nanotechnologie gesprochen und ein 10-Punkte-Programm für die Auseinandersetzung mit der Terroristengruppe Al Qaida diskutiert. Fazit: Der Kampf David gegen Goliath ist noch nicht verloren. (8), (9), (10)

Fallbeispiele

Einige Träger des Alternativen Nobelpreises

Wangari Maathai

Als Mutter der Bäume ist die Kenianerin Wangari Maathai berühmt geworden. In den siebziger Jahren begann sie in der Umgebung von Nairobi Bäume zu pflanzen, um der durch hemmungsloses Abholzen verursachten Bodenerosion entgegen zu wirken. Sie überzeugte auch andere Frauen von der Idee und mithilfe der von ihr gegründeten "Grüngürtelbewegung" wurden im Lauf der Jahre über 25 Millionen Bäume in Afrika gepflanzt. Schon 1984 wurde sie für ihre Arbeit mit dem Right Livelihood Award ausgezeichnet. 2004 erhielt sich dafür sogar den "richtigen" Friedensnobelpreis. (12)

Bianca Jagger

Seit vielen Jahren tritt Bianca Jagger für Menschenrechte und Umweltschutz ein. In Krisengebieten unterstützt sie immer wieder die Arbeit von Amnesty International, in den USA streitet sie gegen die Todesstrafe. Besonders vehement prangert sie die von Ölfirmen verursachten Umweltverschmutzungen im Amazonas an. Den Preis erhielt sie im Jahr 2004. (4), (13)

Johan Galtung

Der norwegische Friedensforscher Johan Galtung erhielt 1987 den alternativen Nobelpreis. Der "Großvater der Friedensforschung" setzt sich weltweit für friedliche Lösungen von Konflikten ein. Das von ihm gegründete Friedensnetzwerk Transcend bildet jährlich 250 Konfliktvermittler aus, die zur Entschärfung von Konflikten und deren gewaltfreie Lösung eintreten. (14)

Michael Succow

Dem früheren stellvertretendem Umweltminister der

DDR Michael Succow verdanken wir die Schaffung von ausgedehnten Naturschutzgebieten im früheren Ostdeutschland. 1997 erhielt er den Right Livelihood Award. Das Preisgeld steckte er in die Michael-Succow-Stiftung zum Schutz der Natur, mit deren Hilfe mittlerweile drei Nationalparks in Aserbaidschan entstehen konnten. (15)

Swami Agnivesh

Der undotierte Ehrenpreis ging 2004 an Swami Agnivesh, der sich seit vielen Jahren für die Armen einsetzt. Vor allem liegt ihm der Kampf gegen die sklavenähnliche Ausbeutung von Arbeitern am Herzen. Mehr als 170 000 Inder konnte er aus dieser modernen Form der Sklaverei bereits befreien. (16)

Nicanor Perlas

wurde in den Siebzigern wegen seiner Arbeit gegen die Atomkraft verfolgt und musste aus seinem Heimatland Philippinen fliehen. Nach dem Ende des Marco-Regimes kehrte er zurück und arbeitet seitdem an alternativen Landwirtschafts- und Entwicklungsformen. Nicht zuletzt wegen seiner

Arbeit gelten die Philippinen heute als Musterland bei der Umsetzung der Agenda 21. Er erhielt den Preis 2003. (17)

Das finnische Dorfaktionskomitee

Um dem Sterben der Dörfer Finnlands entgegenzuwirken, wurde in den Sechziger Jahren das finnische Dorfaktionskomitee gegründet. Nicht nur durch Nachtbarschaftshilfe sondern auch durch die Belebung des kulturellen Lebens sowie durch die Förderung von neuen Arbeitsmöglichkeiten auf dem Land konnte das Dorfsterben aufgehalten werden. Die Organisation wurde 1992 ausgezeichnet. (10), (18)

Manfred Max-Neef

erhielt den Preis schon 1983 für seine Entwicklungsarbeit bei den Armen Südamerikas. Er ist der Gründer des Center for Development Alternatives, Cepaur, in Chile. Auch ihm liegt die lokale Selbstständigkeit der Dörfer am Herzen. (19)

Vereinigte Volkspartei der Soldatenmütter

Gegründet wurde die Organisation, um jungen Wehrpflichtigen zu helfen, die in der damaligen Sowjetarmee geschunden und gedemütigt wurden. Mittlerweile setzt sich die Organisation nicht mehr mit der Armee sondern mit der russischen Regierung auseinander. Gleiche Chancen für Frauen fordern sie ebenso wie eine Änderung der russischen Politik im Tschetschenien-Konflikt. Den Preis erhielt sie 1996. [20]

Memorial

Auch die 2004 ausgezeichnete Menschenrechtsgruppe Memorial arbeitet in Tschetschenien. Außerhalb Russlands wurde die Gruppe nach ihrer mutigen Arbeit bei dem blutigen Geiseldrama in der Schule von Beslan bekannt. Die Gruppierung unterstützt auch die Angehörigen der Opfer von Stalins Arbeitslager (Gulags). [3]

Weiterführende Literatur

(1) Alternative Eliten
aus brand eins, Heft 8/2003, S. 100-103

(2) Vom richtigen Leben
aus Süddeutsche Zeitung, 12.03.2005, Ausgabe
Deutschland, S. 11

(3) O. V., "Im Dienst der Ausgebeuteten",
Süddeutsche Zeitung, 21.09.2004, Ausgabe
Deutschland, S. 8
aus Süddeutsche Zeitung, 12.03.2005, Ausgabe
Deutschland, S. 11

(4) Öko-Nobelpreis für Jagger Für ihre Umwelt- und
Menschenrechtskampagnen erhält Ex-Rolling-Stone-
Frau Bianca Jagger den Alternativen Nobelpreis.
Weiterer Preis für Memorial-Gruppe
aus taz, 21.09.2004, S. 8

(5) Von Uexkulls Stiftung pocht auf Steuerfreiheit
Alternativer Nobelpreis gilt in Schweden nicht mehr
als gemeinnützig / Komitee: Politische Motive
aus Frankfurter Rundschau v. 01.02.2005, S.5,
Ausgabe: S Stadt

(6) Der Welt-Verbesserer Jakob von Uexküll, Stifter
des alternativen Nobelpreises, will einen
Weltzukunftsrat etablieren
aus Frankfurter Rundschau v. 30.08.2004, S.8,
Ausgabe: S Stadt

(7) Von Lüpke, Geseko, Die Possibilisten, politische

ökologie 81-82: Genopoly- Das Wagnis Grüne Gentechnik
aus Frankfurter Rundschau v. 30.08.2004, S.8,
Ausgabe: S Stadt

(8) Von der richtigen und der falschen Lebensweise
aus Süddeutsche Zeitung, 15.03.2005, Ausgabe Deutschland, S. 13

(9) Issig, Peter, Alternativer Nobelpreis - Preisträger in München, Welt am Sonntag, Jg. 58, 06.03.2005, Nr. 10, S. M7
aus Süddeutsche Zeitung, 15.03.2005, Ausgabe Deutschland, S. 13

(10) "Die Armen sind kolossal kreativ"
aus taz, 12.03.2005, S. 4-5

(11) Gremium mit Nelson Mandela bekommt Sitz in der Hansestadt Weltzukunftsrat tagt in Hamburg
aus Die Welt, Jg. 59, 18.02.2004, Nr. 41, S. 33

(12) Friedensnobelpreis "alternativ" - Auszeichnung für die "Mutter der Bäume" - Osloer Komitee erweitert Kandidatenkreis
aus Giessener Anzeiger vom 09.10.2004

(13) Ein Zeichen gegen den Machtmissbrauch Alternativer nobelpreis
aus Frankfurter Rundschau v. 21.09.2004, S.1,
Ausgabe: S Stadt

(14) Feindbild Coca-Cola

aus Süddeutsche Zeitung, 12.03.2005, Ausgabe Deutschland, S. 11

(15) Rathke, Martina, Wanderprediger, Kölnische Rundschau, 08.05.2004
aus Süddeutsche Zeitung, 12.03.2005, Ausgabe Deutschland, S. 11

(16) Ich kämpfe gegen Wunder
aus Frankfurter Allgemeine Zeitung, 09.12.2004, Nr. 288, S. 9

(17) Der Vernetzte
aus taz, 12.03.2005, S. 4

(18) Der Retter der Dörfer
aus taz, 12.03.2005, S. 5

(19) Der Entwicklungsökonom
aus taz, 12.03.2005, S. 5

(20) Mütter für den Frieden In Russland werden die Hälfte aller NGO von Frauen geleitet
aus Frankfurter Rundschau v. 08.03.2005, S.2, Ausgabe: S Stadt

Impressum

Der Right Livelihood Award (alternativer Nobelpreis)

Bibliografische Information der deutschen Nationalbibliothek

Die Deutsche Nationalbibliothek verzeichnet diese Publikation in der deutschen Nationalbibliografie; detaillierte bibliografische Daten sind im Internet über http://dnb.d-nb.de abrufbar.

ISBN: 978-3-7379-1450-5

© 2015 GBI-Genios Deutsche Wirtschaftsdatenbank GmbH, Freischützstraße 96, 81927 München, www.genios.de

Alle Rechte vorbehalten. Dieses Werk ist einschließlich aller seiner Teile – z.B. Texte, Tabellen und Grafiken - urheberrechtlich geschützt. Jede Verwertung außerhalb der Grenzen des Urheberrechtsgesetzes bedarf der vorherigen Zustimmung des Verlags. Dies gilt insbesondere auch für auszugsweise Nachdrucke, fotomechanische Vervielfältigungen (Fotokopie/Mikroskopie), Übersetzungen, Auswertungen durch Datenbanken oder ähnliche Einrichtungen und die Einspeicherung und Verarbeitung in elektronischen Systemen.